Frustriert, Ärgerlich und Wütend

Adrian Laurent

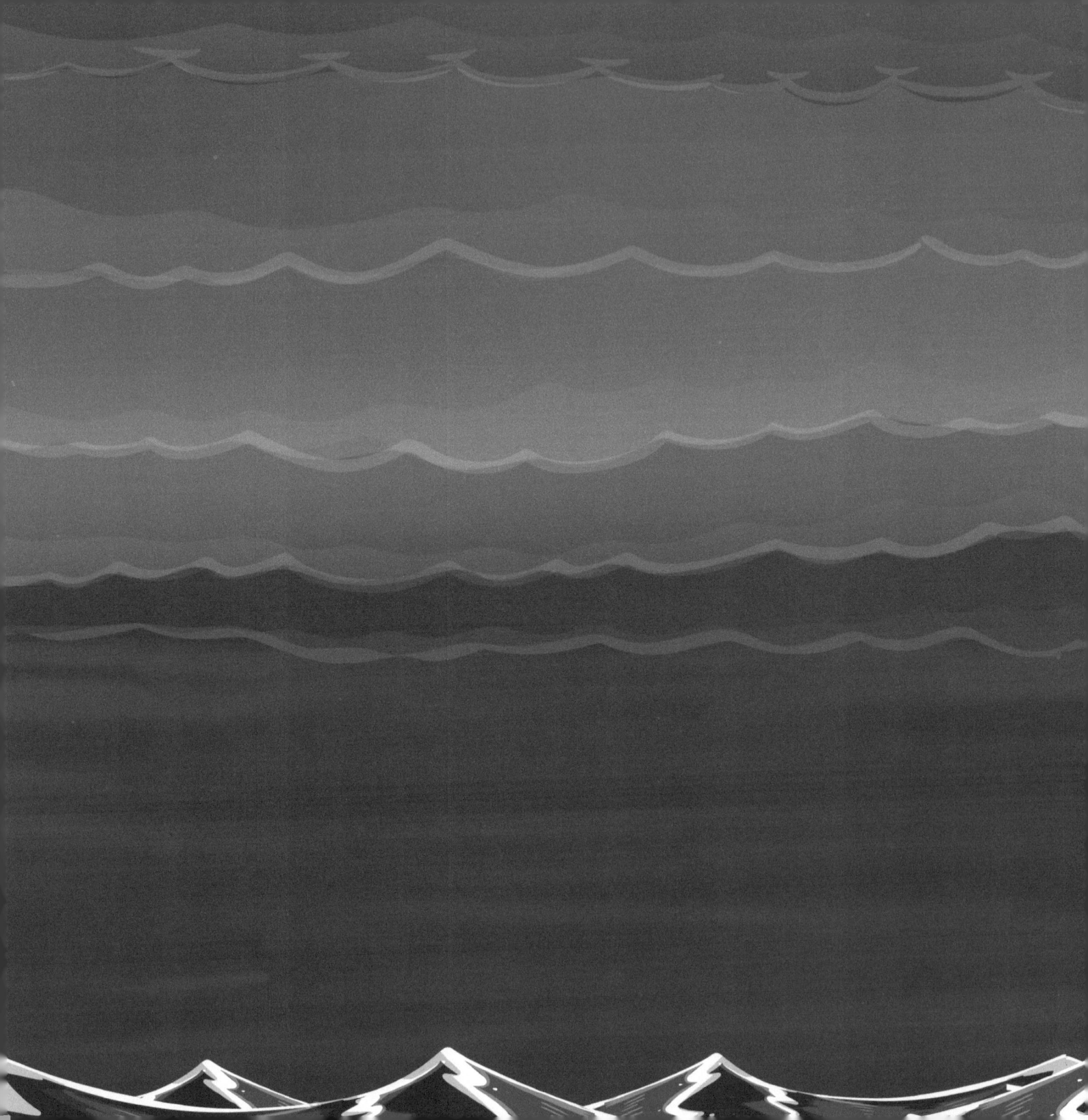

Dieses Buch gehört:

Parker liebte es, mit Dinosauriern zu spielen. Super-T-Rex war bereit, in den Weltraum zu fliegen, um den bösen Triceratops zu besiegen. Aber Super-T-Rex brauchte eine Rakete. Wo könnte Parkers Rakete sein?

Parker fand seinen kleinen Bruder beim Spielen mit der Rakete in dessen Schlafzimmer. Parker wollte die Rakete und mochte sie nicht teilen. Er begann wütend zu werden. Sein Gesicht fühlte sich heiß an, sein Herz schlug schneller und seine Muskeln fühlten sich angespannt an.

Parker wusste, dass es hilfreich war, sich von dem zu lösen, was ihn wütend machte, also ging er zurück ins Wohnzimmer. Parker saß auf dem Boden, war aber immer noch wütend. Wie konnte er helfen, die Wut zu vertreiben?

Plötzlich hörte Parker eine leise Stimme. Als er nach unten blickte, sah er Super-T-Rex, der zu ihm aufblickte und die Stirn runzelte. „Wow! Du siehst verärgert aus. Ich weiß, wie sich das anfühlt. Jeder ist manchmal wütend, besonders T-Rexe! Aber ich weiß, wie ich meine Wut kontrollieren kann, bevor sie explodiert."

„Meistens fühlen wir uns ruhig und entspannt. Dann ist unsere Wut gering. Unser Körper und unser Kopf fühlen sich entspannt an, wie ein stiller See. Unsere Atmung und unser Herz fühlen sich normal an. Unsere Muskeln sind weich. Dinge können uns wütend machen. Jeder ist manchmal wütend. Aber wenn unsere Wut größer wird, haben wir Lust zu schreien, zu schlagen und zu zerstören. Es ist in Ordnung, wütend zu sein, aber nicht Menschen zu verletzen oder Dinge zu zerstören."

„Wenn wir es nicht kontrollieren, könnte unsere Wut so groß werden, dass wir die Kontrolle verlieren. Es ist wie ein stürmisches Meer mit starken Winden und riesigen Wellen. Unser Kopf fühlt sich benommen an und die Muskeln verspannen sich. Unsere Atmung und unser Herz gehen schneller. Aber ich kenne 4 Möglichkeiten, die helfen können, die Wut zu kontrollieren, bevor sie explodiert."

„Beobachte zunächst, wie du dich fühlst. Wie sind deine Atmung und dein Herzschlag? Ist dein Kopf klar oder vernebelt? Sind deine Muskeln angespannt oder entspannt?"

„Als nächstes, schaffe dir etwas Freiraum. Das hast du getan, als du diesen Raum betreten hast. Gut gemacht! Es fühlt sich besser an, von dem weg zu sein, was einen wütend macht."

Atme zunächst 10 Mal tief durch. Atme tief durch die Nase ein und durch den Mund aus. Parker zählte 10 tiefe Atemzüge. Er spürte, wie seine Wut nachließ, aber er fühlte sich noch nicht ruhig.

Dann bewege deinen Körper. Parker sprang auf und ab. Er rannte auf der Stelle. T-Rex machte den Hampelmann. Dann spannte er alle seine Muskeln an und ließ sie wieder los.

Schließlich spürte er, wie seine Wut nachließ. Er fühlte sich ruhig. Sein Atem hatte sich verlangsamt. Sein Kopf fühlte sich klar an. Die stürmische See war wieder ruhig und sanft.

Parker ging zurück in sein Schlafzimmer. Jordan hielt ihm den T-Rex hin.
„Wollen wir zusammen spielen?", sagte Jordan. Parker nickte und nahm
T-Rex lächelnd entgegen. „Lass uns gemeinsam den T-Rex ins All fliegen."
T-Rex flog um den Mond und landete auf dem Mars.

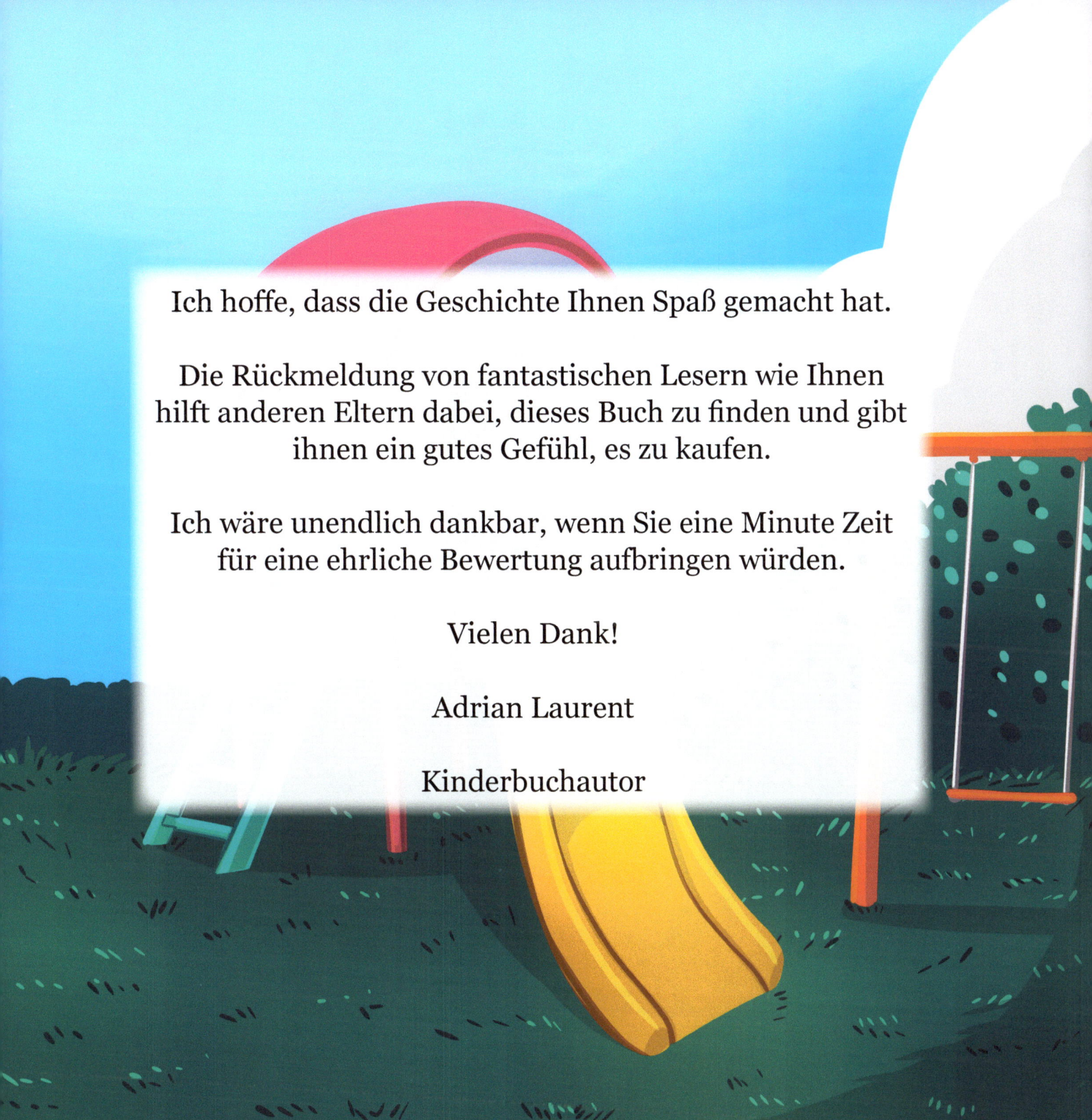

Ich hoffe, dass die Geschichte Ihnen Spaß gemacht hat.

Die Rückmeldung von fantastischen Lesern wie Ihnen hilft anderen Eltern dabei, dieses Buch zu finden und gibt ihnen ein gutes Gefühl, es zu kaufen.

Ich wäre unendlich dankbar, wenn Sie eine Minute Zeit für eine ehrliche Bewertung aufbringen würden.

Vielen Dank!

Adrian Laurent

Kinderbuchautor

WUT BERUHIGEN

Adrian Laurent

JACK IST WÜTEND

Adrian Laurent

WACHSTUMSMENTALITÄT FÜR KINDER

Adrian Laurent

TIMS KLEINKIND-WUTANFALL-GESCHICHTE

Adrian Laurent

HÖR AUF ZU SCHLAGEN, TIM!

Adrian Laurent

KÖRPERSICHERHEITSBUCH FÜR KINDER

Adrian Laurent

KÖRPERSICHERHEITSBUCH FÜR KINDER VON TIM

Adrian Laurent

FRUSTRIERT, ÄRGERLICH UND WÜTEND

Adrian Laurent

VIELFÄLTIGKEITSBUCH FÜR KINDER

Adrian Laurent

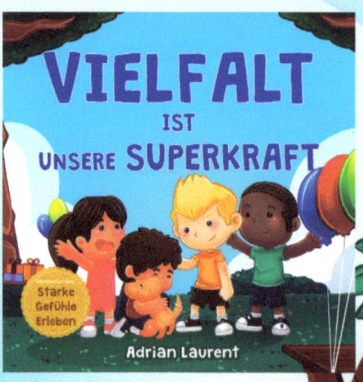

VIELFALT IST UNSERE SUPERKRAFT

Adrian Laurent

ANGST- UND SORGENBUCH FÜR KINDER

Adrian Laurent

ICH KANN MIT MEINER ANGST UMGEHEN

Adrian Laurent

KÖRPERGRENZEN UND ICH

Adrian Laurent

Sammle sie alle

www.ingramcontent.com/pod-product-compliance
Lightning Source LLC
Chambersburg PA
CBHW041559120626
46551CB00002B/260